636 — Chambre des Commissaires-Priseurs
Envoi à la Section
des Monuments Historiques.

TABLEAUX
MODERNES

Aquarelles, Pastels, Dessins, Gravures

SCULPTURES

Avril 1915

TABLEAUX MODERNES

Aquarelles, Pastels, Dessins, Gravures

SCULPTURES

CONDITIONS DE LA VENTE

Elle aura lieu au comptant.

Les acquéreurs paieront *17 fr. 50 pour cent* en sus des enchères.

Aucune réclamation ne sera admise une fois l'adjudication prononcée.

CATALOGUE

DES

Tableaux Modernes

PAR

BAIL, BERCHÈRE, BOUDIN, JULES BRETON, CAZIN, CHAPLIN
G. COLIN, COROT, COURBET, DAUBIGNY, DE DREUX, DELPY, DETAILLE, DIAZ
E. DUFEU, CAROLUS DURAN, FANTIN-LATOUR, FRANÇAIS, GOSSELIN
GUILLAUMIN, HENNER, ISABEY, JACQUE, JAPY, JONGKIND, LA TOUCHE, LEBOURG
LÉPINE, LE SIDANER, LHERMITTE, MAUFRA, R. MÉNARD, MERCIÉ, MESLÉ
GUSTAVE MOREAU, OLIVE, PAPELEU, PASINI, PELOUSE, RAFFAELLI
J. RÉMOND, RIBOT, ROMANI, ROYBET, A. SEGÉ, TROUILLEBERT, VAYSON
VIGNON, VOLLON, ZIEM, ETC.

Œuvre importante de COROT : Dante et Virgile.

AQUARELLES, PASTELS, DESSINS

GRAVURES

PAR

BASTIEN-LEPAGE, BONINGTON, BOULANGER, H. FLANDRIN, E. GIRAUD
E. GRASSET, HARPIGNIES, HELLEU, LAMI, LECOMTE, M. LELOIR
MADELEINE LEMAIRE, LHERMITTE, LUIGINI, DE PENNE, POINTELIN, ROLL

SCULPTURES

PAR

BARYE, CARRIÈS, PETER

dont la vente aux enchères publiques aura lieu à Paris

GALERIE GEORGES PETIT

8, RUE DE SÈZE, 8

Les Mercredi 4 et Jeudi 5 Décembre 1918
à deux heures

COMMISSAIRE-PRISEUR	EXPERT
Mᵉ F. LAIR-DUBREUIL	M. GEORGES PETIT
6, rue Favart, 6	8, rue de Sèze, 8

EXPOSITION PUBLIQUE
Le Mardi 3 Décembre 1918, de 2 heures à 6 heures.

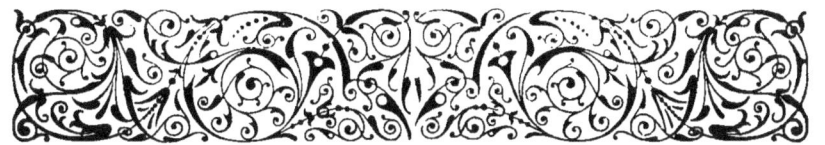

Tableaux Modernes

BAIL (Joseph)

1 — *Le Marmiton.*

Il est assis, vu presque de face, en blouse rouge, tablier et bonnet blancs, et il s'interrompt de récurer des pièces de dinanderie pour retenir un chat dont les yeux expriment quelqu'impatience. A gauche, on aperçoit l'âtre d'une cuisine.

Signé à gauche, en bas : *Bail Joseph.*

Toile. Haut., 37 cent.; larg., 58 cent.

BAIL (Joseph)

2 — *Les Distractions de l'office.*

Deux marmitons, leur besogne terminée, se sont assis autour d'une table. Ils sont, l'un et l'autre, revêtus du costume traditionnel, veste rouge, tablier blanc, mais l'un a gardé la toque blanche, et l'autre est nu-tête. Ils fument la cigarette ; un verre placé devant eux, et une bouteille de vin blanc aux trois-quarts vide, indiquent qu'ils se sont rafraîchis.

L'un des marmitons joue avec un chat monté sur la table et assis sur une serviette.

A gauche, un pot est placé sur un billot, et, sur le parquet, gît une marmite en cuivre jaune.

Signé à droite, en bas : *Bail Joseph.*

Toile. Haut., 47 cent.; larg., 55 cent.

BARTHOLONY (Charles)

3 — *Barques de pêche, à voiles, sur la mer.*

Signé à droite, en bas : *Ch. Bartholony, 1873.*

Toile. Haut., 1 m. 10; larg., 1 m. 62.

BERCHÈRE (Narcisse)

4 — *Campement d'Égyptiens sur les bords du Nil.*

Signé à droite, en bas : *Berchère.*

Panneau. Haut., 32 cent.; larg., 47 cent.

BILLET (Pierre-Célestin)

5 — *Les Petits Pêcheurs.*

Signé à droite, en bas : *Pierre Billet, 1900.*

Toile. Haut., 30 cent.; larg., 41 cent.

BILLET (Pierre-Célestin)

6 — *Chèvres broutant dans la forêt du Touquet.*

Signé à droite, en bas : *Pierre Billet.*

Toile. Haut., 46 cent.; larg., 61 cent.

BILLOTTE (René)
1846-1915.

7 — *Passerelle sur les vieux remparts.*

Signé à gauche, en bas : *René Billotte.*

Toile. Haut., 47 cent.; larg., 65 cent.

BINET (Victor)

8 — *Paysan partant pour le travail à la campagne.*

Signé à droite, en bas : *V. Binet.*

Toile. Haut., 56 cent.; larg., 91 cent.

BOMPARD (Maurice)

9 — *Sur une table de travail.*

Sur cette table, on voit un missel ouvert, deux vieux livres, une sphère à ligne équatoriale et, près de la table, sur un tabouret, dissimulé sous une draperie de velours bouton d'or, un encensoir d'argent.

Signé à gauche, en bas : *Maurice Bompard.*

Toile. Haut., 57 cent.; larg., 1 m. 59.

BOUDIN (Eugène)
1825-1898.

10 — *Le Port d'Anvers.*

Sous un ciel bleu, en partie caché derrière de belles nuées grises, la ville apparaît à droite, avec sa haute tour. A gauche, à la surface de l'eau agitée de petites vagues, les bateaux à l'ancre se balancent, et des barques vont de l'un à l'autre.

Signé à droite, en bas : *E. Boudin, 1871.*

Toile. Haut., 50 cent.; larg., 76 cent.

BOUDIN (Eugène)

11 — *Deauville.*

Une berge encailloutée, au bord de laquelle se trouvent des barques ; puis une rivière occupée par quelques chalands, et traversée par un pont de pierre et de briques. A droite, des baraquements. A gauche, sur la rive opposée, les maisons de la ville.

Ciel clair, avec des nuées blanches.

Signé à droite, en bas : *Deauville, E. Boudin, 95.*

Haut., 36 cent.; larg. 58 cent.

BOUDIN (Eugène)

12 — *Deauville.*

Une large plage; des flaques d'eau entourées de sable; une côte qui tourne formant une anse; une mer calme qui porte des voiliers et des vapeurs, sous un ciel marqué d'une ample chevauchée de nuages gris et blonds.
Signé à gauche, en bas : *Deauville, E. Boudin, 90.*

Toile. Haut., 50 cent.; larg., 74 cent.

BOUDIN (Eugène)

13 — *Le Passage du bac de Plougastel, en 1870.*

Signé à gauche, en bas : *E. Boudin.*

Carton. Haut., 23 cent. ; larg., 34 cent.

BOULARD (Auguste)
1827-1897.

14 — *Le Guignol.*

Signé à gauche, en bas, des initiales.
Derrière, se trouve une attestation du fils du peintre.

Carton. Haut., 17 cent.; larg., 19 cent.

BRETON (Jules-Adolphe-Aimé-Louis)
1827-1906.

15 — *Une Glaneuse.*

Signé à droite, en bas : *J. Breton, 1854.*

Carton. Haut., 24 cent. 1/2; larg., 29 cent. 1/2.

BRETON (Jules-Adolphe-Aimé-Louis)

16 — *La Moisson, à Courrières.*

  Signé à gauche, en bas : *Jules Breton.*

        Toile. Haut., 33 cent.; larg., 50 cent.

BRION (Gustave)

17 — *Une Noce en Alsace.*

  Signé à gauche, en bas : *Brion, 1873.*

        Toile. Haut. 1 m. 13; larg., 1 m. 62.

Salon de 1874.

BRISPOT (Henri)

18 — *Un Accès de goutte.*

  Signé à droite, en bas : *H. Brispot, 1904.*

        Panneau. Haut., 65 cent.; larg., 53 cent.

CABAT (Louis)
1812-1893.

19 — *Une Scierie au bord de la rivière.*

  Signé à droite, en bas : *Cabat.*

        Toile. Haut., 50 cent.; larg., 72 cent.

Ce tableau a été lithographié par Français.

CALS (Adolphe-Félix)
1810-1880.

20 — *Vieille Paysanne assise dans un intérieur.*

  Signé à gauche, vers le bas : *Cals.*

        Toile. Haut., 27 cent.; larg., 22 cent.

CAZIN (Jean-Charles)
1841-1901.

21 — *Ménagère faisant sécher son linge dans la campagne.*

C'est au pays d'Equihen, sur un plateau d'où l'on découvre au loin la mer. Sur le sol, aux herbes fouettées par le vent, une ménagère vêtue d'une jupe rose, d'un fichu noir, la tête enveloppée d'un bonnet blanc, est en train d'étendre son linge à sécher : elle est agenouillée et assise sur les talons, et prend son point d'appui sur les deux mains.

Dans le ciel éclairé de fauve à l'horizon, montent de grandes nuées grises et rousses.

Signé à droite, en bas : *J.-C. Cazin.*

Toile. Haut., 32 cent.; larg., 35 cent.

CHAPLIN (Charles)
1825-1891.

22 — *Coquetterie.*

C'est une jeune femme : son corsage et sa chemise glissent de ses épaules et découvrent en partie sa gorge : et elle se regarde avec complaisance dans un miroir qu'elle doit tenir à la main. Elle a des cheveux châtain clair, noués avec un ruban sur le haut de la tête, et dont quelques tresses viennent onduler sur les épaules. La figure, vivement éclairée, se détache sur un fond neutre.

Signé à gauche, en bas : *Ch. Chaplin.*

Toile. Haut., 65 cent.; larg., 46 cent.

CHRÉTIEN (René-Louis)

23 — *Nature morte.*

Signé à droite, en bas : *R. Chrétien.*

Toile. Haut. 46 cent.; larg., 55 cent.

CICERI (Eugène)
1813-1890.

24 — *Chalands sur la Seine.*

A gauche, au bord du fleuve, une paysanne s'occupe à laver son linge. Au milieu du fleuve, deux chalands sont amarrés côte à côte. A droite, plus loin que la rive verdoyante, il y une entrée de bois. Ciel clair avec quelques nuées grises.

Panneau. Haut., 31 cent.; larg., 52 cent.

COCK (César de)
1820-1904.

25 — *Le Banc de pierre dans la forêt.*

Signé à gauche, en bas : *César de Cock, 22 août 1865*.

Toile. Haut., 60 cent.; larg., 50 cent.

CORMON et GERVEX

26 — *Le Labour.*

Le paysan guide sa charrue attelée de deux paires de bœufs.

Signé à gauche, en bas : *F. Cormon* et *H. Gervex*.

Toile. Haut., 1 m. 59; larg., 1 m. 71.

COROT (Jean-Baptiste-Camille)
1796-1875.

27 — *Paysage; effet du soir.*

Dans le pré, au pemier plan, une paysanne agenouillée au sol ramasse les brindilles tombées des branches d'un arbre voisin au tronc brusquement cassé. Au fond, sous le ciel diapré et enveloppé de brume diaphane qui annonce la nuit prochaine, il y a une ville aux petites maisons dominées par un fin clocher. Quelques fleurettes émaillent les broussailles du sol.

Signé à droite, en bas : *Corot*.

Toile. Haut., 52 cent.; larg., 62 cent.

Vente Alexandre Young, Londres, 1910.

COROT (Jean-Baptiste-Camille)

28 — *Le Chemin au bord du lac.*

> Signé à droite, en bas, avec cette dédicace : *Corot, à l'ami Bouchez.*
>
> Panneau. Haut., 27 cent.; larg., 19 cent.

COURBET (Gustave)
1819-1877.

29 — *Biches dans la forêt.*

> Sous les arbres, à gauche, on aperçoit les biches. Au fond, dans l'écartement des branches, le ciel apparaît incendié de soleil couchant.
>
> Toile. Haut., 32 cent.; larg., 40 cent.

DAMOYE (Pierre-Emmanuel)

30 — *Un Étang en Sologne.*

> Signé à gauche, en bas : *E. Damoye, 95.*
>
> Toile. Haut., 44 cent.; larg. 82 cent.

DAUBIGNY (Charles-François)
1817-1878.

31 — *Laveuses au bord de l'Oise.*

> Au milieu, deux laveuses, de profil à gauche, sont penchées au-dessus de l'eau, et se livrent à leur besogne domestique. Au fond, de l'autre côté d'un tournant de la rivière, on voit un bois. De grand nuages sombres envahissent le ciel.
>
> Signé à droite, en bas : **Daubigny. A l'ami Vollon.**
>
> Panneau. Haut., 25 cent.; larg., 40 cent.

Vente Alexandre Young, Londres, 1910.

DAUBIGNY (Charles-François)

32 — *Bords de rivière.*

Au dos, le cachet de la vente de l'atelier de l'artiste.

Panneau. Haut., 24 cent. 1/2; larg., 41 cent.

Vente Alexandre Young, Londres, 1910.

DE DREUX (Alfred)
1810-1860.

33 — *Amazone et cavalier lancés au galop.*

L'amazone, en robe noire, est en selle sur un cheval gris pommelé; le cavalier, en habit rouge, sur un cheval alezan brûlé; ils sont accompagnés d'un chien. Les figures se détachent sur un fond de bois automnal.

Signé à gauche, en bas : *Alfred D. D.*

Toile. Haut., 24 cent. 1/2; larg., 32 cent. 1/2.

DE DREUX (Alfred)

34 — *Jockey entraînant son cheval.*

Signé à gauche, en bas : *A. De Dreux.*

Toile. Haut., 32 cent. ; larg., 46 cent.

DELPY (Hippolyte-Camille)

35 — *L'Hiver.*

La neige recouvre le sol d'une couche épaisse. Un cavalier suit la route que domine, à gauche, une rangée de peupliers et qui conduit à un village qu'on aperçoit à droite.

Dans un champ, une meule se dresse isolée, et un ciel gris, chargé de neige, que barrent à l'horizon les rayons voilés d'un soleil couchant, achève la tristesse de ce paysage d'hiver.

Signé à gauche, en bas : *H.-C. Delpy.*

Panneau. Haut., 50 cent.; larg., 65 cent.

DELPY (Hippolyte-Camille)

36 — *Lever de soleil.*

Au dessus des hauteurs qui longent le fleuve, à droite, le soleil apparaît, disque d'or dans un ciel gris.

A gauche, la berge est couverte d'une masse d'arbres vigoureux, au delà desquels la plaine se découvre.

Au milieu du fleuve, une barque est arrêtée, montée par trois pêcheurs.

Signé à droite, en bas : *H.-C. Delpy*.

Panneau. Haut., 33 cent.; larg., 60 cent.

DELPY (Hippolyte-Camille)

37 — *Les Bords de la Seine.*

A droite, la berge élevée cache en partie les maisons d'un village dont les toits sont dominés par le clocher de l'église. Au bas du chemin qui descend du village, deux laveuses agenouillées lavent leur linge, non loin d'un bouquet de grands arbres qui réfléchissent dans l'eau calme du fleuve la masse sombre de leurs frondaisons.

Un remorqueur s'éloigne vers la gauche.

Le ciel, couvert de nuages argentés, est lumineux.

Signé à gauche : *H.-C. Delpy*.

Panneau. Haut., 33 cent.; larg., 60 cent.

DETAILLE (Édouard)
1848-1912.

38 — *Gendarme à cheval.*

Esquisse.

Panneau. Haut., 53 cent.; larg., 40 cent.

DETAILLE (Édouard)

39 — *La Charge.*

Au premier plan, à gauche, un canon et, derrière, les escadrons suivant au galop l'officier portant le drapeau. Signé à droite, en bas : *Édouard Detaille, 1897.*

Panneau. Haut., 81 cent.; larg., 56 cent.

DIAZ DE LA PENA (Narcisse-Virgile)
1807-1876.

40 — *La Mare dans la clairière.*

Une petite mare met son miroir sinueux dans la clairière, marquée, à droite et à gauche, par deux bouquets de grands arbres. Au fond, au pied d'un léger relèvement du sol, on voit quelques autres arbres très blonds sous la caresse du soleil. Au premier plan, à droite et à gauche, deux roches s'arrondissent hors des herbes; non loin de la mare, une paysanne, en fichu rouge, ramasse de la mousse.
Signé à gauche, en bas : *N. Diaz.*

Panneau. Haut., 25 cent.; larg., 33 cent.

DIAZ DE LA PENA (Narcisse-Virgile)

41 — *Flore.*

Elle est représentée debout, dans la campagne, le torse nu émergeant d'une chemise blanche et d'une jupe bleue. Elle retient de sa main gauche, le bras tendu, une corbeille de fleurs qu'elle appuie à sa hanche, et, de la main droite, elle va détacher une branche de roses. Elle tourne la tête de trois-quarts à droite. Un cercle de métal et de pierreries ceint ses cheveux dénoués.
Signé à droite, en bas : *N. Diaz.*

Panneau. Haut., 29 cent.; larg., 18 cent.

DUPRAY (Henri)

42 — *Sur le terrain de la revue.*

Signé à gauche, en bas : *H. Dupray*.

Panneau. Haut., 26 cent. 1/2 ; larg., 35 cent.

DUPRÉ (Jules)
1811-1889.

43 — *Le Chemin devant les chaumières.*

A droite, il y a un pré planté de quelques arbres, et occupé par des chaumières. Devant celles-ci, le chemin passe et tourne. La plaine s'étend à gauche. Le jour décline ; des nuées grises apparaissent, mais, au fond, le ciel s'éclaire encore de quelques stries blanches.

Signé à gauche, en bas : *J. Dupré*.

Toile. Haut., 27 cent. ; larg., 35 cent.

DUPRÉ (Jules)

44 — *Soleil couchant au-dessus de la plaine.*

A droite, au premier plan, une paysanne en jupe rouge va s'éloigner d'une mare, dans la direction d'une chaumière qui s'élève, à gauche, à l'ombre de quelques arbres. Au fond, la plaine, et, dans le ciel, toute la féerie du soleil qui se couche, traînées de feu au-devant desquelles chevauchent les nuées.

Signé à gauche, en bas : *J. Dupré*.

Toile. Haut., 24 cent. ; larg., 33 cent.

DURAN (Carolus)
1838-1916.

45 — *Étude de femme nue, vue de dos.*

Elle est debout, elle s'appuie des deux mains au dossier d'une chaise de velours rouge : elle a ses cheveux roux dénoués.

Signé à droite, en bas : *Carolus Duran*.

Toile. Haut., 1 mètre ; larg., 75 cent.

DURAN (Carolus)

46 — *La Fillette en blanc.*

Elle est debout, la tête tournée de face, en chapeau et costume blancs, et elle tient de la main droite quelques branches de roses. La figure se détache sur un fond de draperie rouge.

Signé à droite, en bas : *Carolus Duran, 1880.*

Toile. Haut., 1 m. 52 ; larg., 90 cent.

DUVIEUX (Henri)

47 — *La Corne d'or.*

A droite, au bas d'un édicule à colonnes, des caïques chargés de personnages sont amarrés. A gauche, en avant du quai, on aperçoit une frégate. Au fond, à travers le poudroiement d'or qui tombe du ciel radieux, Sainte-Sophie dresse ses dômes.

Signé à gauche, en bas : *H. Duvieux.*

Panneau. Haut., 46 cent.; larg., 32 cent.

ÉCOLE FRANÇAISE (XVIIIe siècle)

48 — *La Bulle de savon.*

Toile de forme ovale. Haut., 59 cent.; larg., 48 cent.

ÉCOLE VÉNITIENNE

49 — *Allégorie.*

Toile. Haut., 70 cent.; larg., 83 cent.

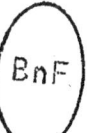

FANTIN-LATOUR (Henri)
1836-1902.

50 — *Apothéose de Berlioz.*

Le musicien est assis silencieux et songe : il est vêtu d'une cape sombre. Autour de lui, des figures de rêve apparaissent : l'une, vêtue de rose, tient au-dessus de sa tête une couronne de laurier, tandis que sa main droite porte une palme de martyre. Derrière, une autre figure ailée, en écharpe jaune pâle, embouche la trompette de la Renommée. Une troisième figure, debout dans l'ombre, symbolise l'inspiration.

Signé à droite, en bas : *Fantin.*

Toile. Haut., 46 cent. 1/2 ; larg., 38 cent. 1/2.

FERRIER (G.) et DANTAN

51 — *Une Noce au village.*

Autour de la table, les mariés et les invités sont assis et boivent. A droite, des paysans dansent. Au premier plan, un galant s'éloigne portant un bouquet, la mine très déconfite.

Signé à gauche, en bas : *G. Ferrier et E. Dantan, 1878.*

Toile. Haut., 1 m. 59 ; larg., 2 m. 64.

FORAIN (Jean-Louis)

52 — *A l'église.*

Dans l'ombre du sanctuaire, des femmes et des enfants sont en prière.

Signé à droite, en bas : *Forain.*

Toile. Haut., 46 cent. ; larg., 55 cent.

FORTUNY (Mariano)
1838-1874.

53 — *Carrefour en Espagne.*

Signé à droite, en bas : *Fortuny*.

Panneau. Haut., 9 cent.; larg., 12 cent.

FOUACE (Guillaume-Romain)

54 — *Nature morte.*

A côté d'un vase en cuivre jaune, un melon repose sur une natte de paille. D'un plat en faïence décorée, dans lequel une tranche de melon est restée, se sont échappées des grappes de raisins noirs et blancs. Puis, des branches de cerisiers encore garnies de leurs gros fruits rouges.

Signé à droite, en bas : *E. Fouace.*

Toile. Haut., 65 cent.; larg., 1 mètre.

FRANÇAIS (François-Louis)
1814-1897.

55 — *La Fontaine dans le parc.*

Signé à gauche, en bas : *Français.*

Carton de forme ovale. Haut., 33 cent.; larg., 27 cent.

FRAPPA (José)
1854-1904.

56 — *Portrait de Rosita Mauri.*

Signé à droite, en bas : *José Frappa.*

Toile. Haut., 1 mètre ; larg., 72 cent.

FROMENTIN (Eugène)
1820-1876.

57 — *Le Retour des blessés.*

Signé à droite, en bas : *Eug. Fromentin, 67.*

Panneau. Haut., 26 cent. 1/2; larg., 35 cent.

GILBERT (Victor)

58 — *La Marchande de fleurs.*

Signé à gauche, en bas : *V. Gilbert.*

Panneau. Haut., 65 cent.; larg., 54 cent.

GOUPIL (Jules-Adolphe)
1839-1883.

59 — *Une Incroyable.*

Signé à droite, en bas : *Jules Goupil.*

Panneau. Haut., 56 cent.; larg., 48 cent.

GUILLAUMET (Gustave-Achille)
1840-1887.

60 — *Campement Laghouat.*

Signé à droite, en bas : *G. Guillaumet.*

Toile. Haut., 19 cent. 1/2.; larg., 44 cent.

Vente de l'atelier Guillaumet.

GUILLAUMET (Gustave-Achille)

61 — *Une Rue à Laghouat.*

Signé à gauche, en bas : *G. Guillaumet.*

Toile. Haut., 39 cent.; larg., 26 cent.

Vente de l'atelier du peintre.

GUILLAUMIN (Jean-Baptiste-Armand)

62 — *La Ferme.*

Elle se dresse, à droite, et l'on aperçoit, au fond et à gauche, sous un ciel clair, la campagne, aux cultures diverses, qui monte en pente douce.

Signé à gauche, en bas : *Guillaumin.*

Toile. Haut., 54 cent.; larg., 65 cent.

GUILLEMET (Antoine)

63 — *Villerville (Calvados).*

    Signé à droite, en bas : *A. Guillemet.*

                          Toile. Haut., 38 cent.; larg., 55 cent.

GUILLEMIN (Alexandre-Marie)
1817-1880.

64 — *La Lecture de la bible en Bretagne.*

    Signé à gauche, en bas : *Al. Guillemin.*

                          Panneau. Haut., 46 cent.; larg., 55 cent.

HANS-MAKART
1840-1884.

65 — *Les Vignerons.*

    Fragment d'une frise pour un cortège historique. Signé à droite, en bas.

                          Toile. Haut., 62 cent.; larg., 2 m. 83.

HENNER (Jean-Jacques)
1829-1903.

66 — *La Nymphe qui pleure.*

    Dans l'ombre d'un bois, elle s'est écroulée sur ses genoux, et, la tête dans les deux mains, elle pleure : une grande lumière vient caresser ses chairs nues et l'or fauve de ses cheveux roux. A droite, dans le fond, un pan de ciel bleu turquoise.

    Signé à gauche, en bas : *J.-J. Henner.*

                          Panneau. Haut., 56 cent.; larg., 42 cent.

HENNER (Jean-Jacques)

67 — *Méditation.*

C'est une jeune fille vue de profil à gauche, et jusqu'à la poitrine ; elle a les épaules drapées d'un châle bleu. Elle lève les yeux. Ses cheveux châtain roux sont lissés en bandeaux sur les tempes.

Signé à gauche, vers le bas : *J.-J. Henner.*

Toile. Haut., 47 cent.; larg., 33 cent.

HENNER (Jean-Jacques)

68 — *La Fille aux cheveux noirs.*

Elle est vue, la tête presque de face, jusqu'à la poitrine. Elle est vêtue d'un gilet brun sur sa chemise blanche. Ses longs cheveux noirs sont dénoués et encadrent son visage émacié, de leurs tresses souples. Elle a les yeux très bruns, et le regard d'une gravité sévère. La figure se détache sur un fond turquoise.

Signé à gauche, vers le bas : *J.-J. Henner.*

Toile. Haut., 41 cent.; larg., 32 cent.

HENNER (Jean-Jacques)

69 — *Nymphe dans un paysage.*

Elle est vue de dos et penchée, le bras gauche appuyé sur la margelle d'une fontaine.

Son corps se détache sur l'écran sombre des bois au dessus desquels plane l'azur profond du ciel.

Signé à droite, en bas : *J.-J. Henner.*

Panneau. Haut., 22 cent.; larg., 16 cent.

HUARD (Louis)
Mort en 1842.

70 — *Cavaliers Louis XV passant un gué.*

Signé à gauche, en bas : *Louis Huard.*

Panneau. Haut., 16 cent.; larg., 22 cent.

ISABEY (Louis-Gabriel-Eugène)
1803-1886.

71 — *Arbre tombé au bord du torrent.*

    Des hommes sont en train de manœuvrer un tronc d'arbre au bord d'un torrent. Au fond, le ciel est tout embrasé par le soleil qui se couche.

    Signé à gauche, en bas : *E. Isabey, 1848.*

Toile. Haut., 59 cent.; larg., 81 cent.

ISABEY (Louis-Gabriel-Eugène)

72 — *Marée basse à Varangeville.*

    Signé à gauche, en bas : *E. I., 75.*

Carton. Haut., 20 cent.; larg., 34 cent.

Collection Prud'hon.

ISABEY (Louis-Gabriel-Eugène)

73 — *Bateaux de pêche en avant de la falaise.*

    Signé à gauche, en bas, du timbre de la vente.

Toile. Haut., 55 cent.; larg., 74 cent.

JACQUE (Charles-Émile)
1813-1894.

74 — *Berger conduisant son troupeau.*

    Dans la plaine, plantée de quelques bouquets d'arbres, et où deux meules dressent leurs dômes d'épis blonds, le berger s'en vient accompagné de son troupeau de moutons. Il a une blouse bleue, une musette, et porte son bâton relevé, appuyé contre le bras droit. A gauche, son chien noir s'est arrêté, et semble assister au défilé des bêtes. De grandes nuées grises passent au-devant du ciel d'azur.

    Signé à droite, en bas : *Ch. Jacque.*

Toile. Haut., 43 cent.; larg. 69 cent.

JONGKIND (Johann-Barthold)
1819-1891.

75 — *Le Moulin*.

    Au bord de la rivière, le moulin se dresse sous le ciel clair. Le long de la rivière, des chalands sont amarrés : dans l'un d'eux, une femme, vêtue de rose, est assise. Sur le quai, planté au loin d'arbres, des paysans et des paysannes se promènent et causent.

    Signé à gauche, en bas : *Jongkind*.

Toile. Haut., 42 cent. ; larg., 56 cent.

JONGKIND (Johann-Barthold)

76 — *La Tour au bord de l'eau*.

    A gauche, une vieille tour, en avant de laquelle un pêcheur est en train de préparer sa ligne. Au milieu de l'eau, des sloops de pêche aux voiles tendues et à l'ancre.

    A droite, près du bord, quelques personnes dans une barque, causant avec un pêcheur et une pêcheuse debout, et arrêtés sur une manière de promontoire. De grandes nuées blondes s'envolent au-devant du ciel bleu clair.

    Signé à gauche, en bas : *Jongkind, 1844*.

Toile. Haut., 60 cent. ; larg., 79 cent.

LAPOSTOLET (Charles)

77 — *Paysage au bord de la mer*.

    Signé à droite, en bas : *C. Lapostolet*.

Toile. Haut., 33 cent.; larg., 41 cent.

LEBOURG (Albert)

78 — *Le Chevet de Notre-Dame vu du quai de la Tournelle.*

Aux premiers plans, le quai avec ses tonneaux, ses fardiers, ses vapeurs, sa grue mécanique, etc.

Au fond, jaillissant des frondaisons du square de l'Archevêché, Notre-Dame, majestueusement belle de ligne et de volume, sous le ciel d'azur, au-devant duquel glissent des nuées blanches.

Plus à droite, la silhouette élancée de la tour Saint-Jacques.

Signé à droite, en bas : *Albert Lebourg.*

Toile. Haut., 40 cent.; larg., 60 cent.

LEBOURG (Albert)

79 — *La Rivière.*

Une rivière large dont les rives sont plantées d'arbres aux frondaisons touffues ; sur la berge, un cheval blanc s'avance en train de haler un chaland. Le ciel bleu est encore en partie voilé de brume matinale.

Signé à gauche, en bas : *Ch. Lebourg, 1893.*

Toile. Haut., 31 cent.; larg., 58 cent.

LEBOURG (Albert)

80 — *Maisonnettes au bord d'une rivière.*

Le site est vu de haut, et de chaque côté de la rivière aux bords verdoyants, on aperçoit des chaumières disséminées ou groupées parmi des bouquets d'arbres. La campagne s'étend au loin. Dans le ciel clair, s'envolent des brumes rousses.

Signé à gauche, en bas : *A. Lebourg.*

Toile. Haut., 46 cent.; larg., 76 cent.

LEFEBVRE (Jules)

81 — *Diane.*

    Signé à gauche, en bas : *Jules Lefebvre.*

                    Panneau. Haut., 27 cent. ; larg., 18 cent.

LÉPINE (Stanislas)
1835-1892.

82 — *Le Soleil sur la ville.*

    A droite d'un buisson aux frondaisons claires, la rivière coule : au fond, la petite ville dominée par son clocher, est tout illuminée de soleil. Le ciel est chaud, avec des nuées blondes.
    Signé à gauche, en bas : *S. Lépine.*

                    Panneau. Haut., 14 cent.; larg., 23 cent.

LE SIDANER

83 — *Sur la ville.*

    De la terrasse, tout éclairée de reflets lunaires, on aperçoit des arbres en fleurs, et plus loin, les constructions d'une ville. Quelques clartés fauves apparaissent derrière les vitres.
    Signé vers la droite, en bas : *Le Sidaner.*

                    Toile. Haut., 90 cent.; larg., 1 m. 16.

LE SIDANER

84 — *Le Pont de Gisors; pignon gris.*

C'est la nuit, une nuit claire qui promène sur les maisons des reflets blonds. Au premier plan, une eau courante qui se heurte contre les piles d'un pont de pierre aux trois arches basses; puis, de l'eau encore, enserrée dans la ligne des maisons. Dans une fenêtre une lumière brille.

Signé à gauche, en bas : *Le Sidaner.*

Toile. Haut., 66 cent.; larg., 81 cent.

LHERMITTE (Léon)

85 — *Le Labour.*

Le paysan pousse dans le sol le soc de sa charrue, tandis qu'un gamin guide la paire de bœufs qui la tire.

Signé à droite, en bas : *Léon Lhermitte.*

Toile. Haut., 60 cent.; larg., 1 m. 03.

LHERMITTE (Léon)

86 — *Le Repas du soir.*

La paysanne vient d'apporter le panier aux victuailles, et elle va remettre au moissonneur, qui s'arrête de travailler, son enfant : le père et l'enfant se tendent mutuellement les bras. Les trois figures se détachent sur un fond de paysage où l'on remarque, plus loin que le champ des épis d'or, et plus loin qu'un tournant de la rivière, une colline verdoyante, au plan de laquelle s'étagent les maisonnettes d'un hameau.

Signé à gauche, en bas : *L. Lhermitte.*

Toile. Haut., 78 cent.; larg., 64 cent.

LUMINAIS (Évariste-Vital)
1822-1896.

87 — *La Baignade des chevaux.*

A droite, au premier plan, un jeune garçon a conduit ses trois chevaux au bord de l'eau : il est monté sur l'un d'eux. A gauche, dans un terrain vallonné, on voit passer un troupeau de bœufs. Quelques grands arbres élancent leurs panaches de feuilles vers le ciel ennuagé.

Signé à droite, en bas : *E. Luminais*.

Toile. Haut., 1 m. 58 ; larg., 1 m. 79.

MARCHÉ (Ernest-Gaston)

88 — *Le Champ de coquelicots.*

Signé à gauche, en bas : *E. Marché, 1897*.

Toile. Haut., 54 cent.; larg., 81 cent.

MATHON (Émile-Louis)

89 — *Le Bras des Grésillons (Seine-et-Oise).*

Signé à droite, en bas : *E. Mathon, 1873*.

Toile. Haut., 1 m. 40 ; larg., 2 m. 50.

Salon de 1873.

MAUFRA (Maxime)

90 — *Les Inondations à Joinville-le-Pont.*

La Marne déborde ; les îlots et le sol sont couverts par l'eau ; des arbres émergent du fleuve tumultueux. A droite, sur un relèvement du terrain, des gens sont arrêtés près des points d'amarres de fortune de deux chalands. A travers les brumes dont s'enveloppe le paysage, le ciel apparaît clair.

Signé à droite, en bas : *M. Maufra*.

Toile. Haut., 46 cent.; larg., 55 cent.

MERCIÉ (Antonin)
1845-1917.

91 — *Nymphe endormie.*

Au fond du bois, au bord de la source, et sur l'herbe fleurie dont elle n'est séparée que par une gaze transparente, la nymphe s'est couchée, et elle dort, exposant sa beauté nue à la clarté du ciel tamisé parmi les branches.
Signé à droite, en bas : *A. Mercié.*

Toile. Haut., 66 cent.; larg., 1 mètre.

MOREAU (Gustave)
1828-1898.

92 — *Les Athéniens au Minotaure.*

Derrière, on lit : *Donné par Gustave Moreau à son cousin, M. Jules Moreau, conseiller à la Cour de Rouen.*

D'autre part, au sujet de ce tableau, M. Rupp, exécuteur testamentaire du maître, a délivré le certificat suivant :

« Je certifie que le tableau que m'a montré mon ami Georges
« Rouault, conservateur du musée Gustave Moreau, est bien de
« Gustave Moreau (sujet : les Athéniens au Minotaure), le tableau
« est l'esquisse d'un tableau acheté par l'État, il est au musée de
« Bourg (Ain). Il y a au musée Gustave Moreau plusieurs dessins
« qui ont servi à faire le tableau vendu à l'État. »

Toile. Haut., 33 cent.; larg., 56 cent.

MOREAU (Gustave)

93 — *Diane chasseresse.*

La déesse vient de changer en cerf le chasseur trop curieux qui l'épiait, et elle s'en va, lumineuse et pure, et nue, sur le dos de la bête, dans un paysage mythique.
Signé à gauche, en bas : *Gustave Moreau.*
Derrière, on lit : *Gustave Moreau à Alfred Arago, n° 415, Diane chasseresse.*

Panneau. Haut., 31 cent. 1/2; larg., 24 cent.

NOEL (Jules)
1815-1881.

94 — *Les Vieilles Maisons de bois en Normandie.*

Signé à droite, en bas : *Jules Noël, Normandie.*

Panneau. Haut., 26 cent. 1/2 ; larg., 20 cent.

OLIVE (Jean-Baptiste)

95 — *Nature morte.*

Derrière un rideau d'étoffe, sur une table qu'une serviette blanche recouvre en partie, sont placés une potiche à décor bleu, un flacon de cristal remplit de Xérès, deux verres à pied et une assiette de cerises.

Signé à droite, en bas : *B. Olive.*

Toile. Haut., 55 cent.; larg., 46 cent.

OLIVE (Jean-Baptiste)

96 — *Soleil couchant sur Venise.*

Signé à droite, en bas : *B. Olive.*

Toile. Haut., 33 cent.; larg., 40 cent.

OLIVE (Jean-Baptiste)

97 — *Marseille ; entrée des bassins de la Joliette.*

Signé à gauche, en bas : *B. Olive.*

Toile. Haut., 35 cent.; larg., 46 cent.

OLIVE (Jean-Baptiste)

98 — *Nature morte.*

Sur une table, placée derrière un rideau qui la recouvre en partie, sont disposés un vase de porcelaine bleue garni de bronzes, un verre à pied et une assiette décorée contenant des grenades ouvertes.

Signé à gauche, en bas : *B. Olive.*

Toile. Haut., 55 cent.; larg., 46 cent.

OLIVE (Jean-Baptiste)

99 — *Rochers de Saint-Hospice, près Beaulieu (Alpes-Maritimes).*

Signé à droite, en bas : *J.-B. Olive.*

Toile. Haut., 50 cent.; larg., 73 cent.

PAPELEU (Victor de)
1810-

100 — *Le Pré communal.*

Au premier plan, en avant du village, le pré planté de quelques grands arbres, et où les poules et les canards viennent chercher leur vie. Au fond, par le chemin qui s'enfonce dans le village, et où, de chaque côté, on aperçoit de grands massifs d'arbres, deux vaches sont en train de rentrer. Au-dessus des frondaisons, surgit le toit pointu d'une maisonnette. Dans le ciel bleu, s'envolent de belles nuées blondes.

Signé à droite, en bas : *Papeleu.*

Toile. Haut., 50 cent.; larg., 78 cent.

PASINI (Albert)

101 — *La Promenade d'un seigneur persan.*

Il est à cheval, et il s'avance escorté d'hommes portant des pots de feu.
Signé à gauche, en bas : *A. Pasini, 1857.*

Toile. Haut., 46 cent. ; larg., 38 cent.

Salon de 1857, où le tableau était intitulé : *Un Seigneur persan, escorté de ses domestiques, traverse une rue de Téhéran, le soir, à la lueur des torches.*

PÉRIGNON (Alexis-Joseph)
1806-1882.

102 — *Étude de femme assise, les épaules nues.*

Signé à gauche, en bas : *Pérignon, 1839.*

Toile. Haut., 73 cent.; larg., 60 cent.

PETITJEAN

103 — *Un Coin du village de Marville (Meuse).*

Signé à droite, en bas : *E. Petitjean.*

Toile. Haut., 46 cent. ; larg., 65 cent.

PETITJEAN

104 — *Dans le port; Honfleur.*

Signé à gauche, en bas : *E. Petitjean;* et daté : *Honfleur, 1903.*

Panneau. Haut., 55 cent.; larg., 41 cent.

RAFFAELLI (J.-F.)

105 — *La Place et le boulevard de la Madeleine.*

Sous un coup de soleil qui dore le sanctuaire, d'architecture inspirée de l'antique, c'est le coin de Paris avec son mouvement fiévreux de gens et de véhicules. Dans le ciel bleu, quelques nuées blanches. A droite, le long du boulevard, un cortège va passer.

Signé à droite, en bas : *J.-F. Raffaëlli.*

Toile. Haut., 38 cent.; larg., 75 cent.

RAVANNE (Gustave)

106 — *Marée haute; le départ des pêcheurs.*

Signé à droite, en bas : *G. Ravanne, 1901.*

Toile, Haut., 38 cent.; larg., 55 cent.

RIBOT (Théodule-Augustin)
1823-1891.

107 — *Paysanne bretonne.*

Elle est vue jusqu'à la ceinture, de trois-quarts à gauche, les traits accentués, les yeux très bleus en vêtement sombre.
Signé à droite, en bas : *T. Ribot.*

Toile. Haut., 55 cent. 1/2 ; larg., 46 cent. 1/2.

RIBOT (Théodule-Augustin)

108 — *L'Aveugle et Don Guzman d'Alfarache.*

Le vieil aveugle est assis, de trois-quarts à gauche ; il tient sur ses genoux un pot de terre vernissée et verte. Près de lui, un gamin a introduit dans une tubulure du vase un chalumeau de paille à l'aide duquel sa jeune espièglerie espère bien puiser.

Signé à gauche, vers le bas : *T. Ribot.*

Toile. Haut., 92 cent.; larg., 74 cent.

Gravé par Masson.

RICHTER (E.)

109 — *La Soubrette endormie.*

    Signé à droite, en bas : *E. Richter.*

                      Toile. Haut., 65 cent.; larg., 54 cent.

ROCHEGROSSE (G.)

110 — *Une Idylle au temps de Lucien.*

    Signé à droite, en bas : *G. Rochegrosse.*

                      Toile. Haut., 35 cent. ; larg., 56 cent.

ROMANI (Juana)

111 — *Le Modèle.*

    Elle est vue de dos, la tête tournée de profil à gauche, le torse nu ; elle s'appuie de la main gauche, le bras raidi, sur un meuble, son bras droit est ployé. Ses cheveux blonds fauve sont relevés en chignon et retenus par une épingle d'or.

    Signé à droite, en haut : *Juana Romani.*

                      Toile. Haut., 81 cent.; larg., 66 cent.

ROUSSEAU (Philippe)
1816-1887.

112 — *Plaisanterie de singe.*

    Un singe, assis sur une table, est en train de répandre sur une image le contenu d'un flacon.

    Signé à gauche, en bas : *Ph. R.*

                      Toile. Haut., 73 cent.; larg., 60 cent.

ROYBET (Ferdinand)

113 — *Gentilhomme Louis XIII.*

Il est vêtu d'un pourpoint et de culottes vert foncé et d'un manteau à la Balagny brun. Il est coiffé d'un feutre à larges bords, sur ses cheveux châtain clair; il a le col enserré dans une fraise à chiffonnés souples. Sa main droite s'appuie à la hanche, sa main gauche retient une longue canne dont l'une des extrémités s'appuie sur l'épaule gauche.

Signé à gauche, en bas : *F. Roybet.*

Panneau. Haut., 61 cent.; larg., 37 cent.

ROYBET (Ferdinand)

114 — *Gentilhomme Louis XIII.*

Il est assis de trois-quarts à droite, près d'une table en partie couverte d'un tapis rouge; il est vêtu d'un pourpoint de satin bleuté à crevés, d'une collerette de batiste garnie de point coupé, et coiffé d'un feutre noir à larges bords. Sa main droite, gantée à crispin, sur le rebras de la manche, s'appuie fortement à sa canne. La main gauche, le bras appuyé sur la table, tient l'autre gant. Sur la table, il y a un pichet d'étain et un verre de Bohême. La figure se détache sur un fond neutre.

Signé à droite, en haut : *F. Roybet.*

Panneau. Haut., 1 mètre; larg., 79 cent.

ROYBET (Ferdinand)

115 — *Le Duo.*

Tous deux, dans un paysage de soir, sont assis et chantent : la femme, vue presque de face, en corsage décolleté, accompagne les voix en jouant du luth; l'homme, en pourpoint rouge, et chausses rouges et grises à bandes, indique le mouvement du geste de sa main droite, et appuie contre lui son luth, muet pour l'instant.

Signé à droite, en bas : *F. Roybet.*

Toile. Haut., 1 m. 45; larg., 1 m. 92 cent. 1/2.

Salon de 1867.

ROYBET (Ferdinand)

116 — *Un Gentilhomme.*

Il est vu de face, jusqu'à mi-corps, la tête aux sourcils froncés émergeant d'une collerette blanche, le feutre noir rejeté en arrière et découvrant ses cheveux qui frisent.

Un vaste manteau d'étoffe noire, bordé d'un large galon, l'enveloppe tout entier et la main gauche, gantée de cuir fauve, s'appuie sur le pommeau de son épée.

Signé à droite, en haut : *F. Roybet.*

Panneau. Haut., 1 mètre; larg., 81 cent.

ROZIER (Jules)
1821-1883.

117 — *Les Pêcheurs au bord de l'Oise.*

Signé à gauche, en haut : *Jules Rozier.*

Panneau. Haut., 28 cent.; larg., 45 cent.

ROZIER (Jules)

118 — *Les Fermes au bord de la route; effet de neige.*

Signé à droite, en bas : *Jules Rozier.*

Toile. Haut., 32 cent.; larg., 46 cent.

ROZIER (Jules)

119 — *L'Hiver sur le plateau.*

Signé à droite, en bas : *Jules Rozier.*

Panneau. Haut., 21 cent. 1/2; larg., 33 cent.

SIMONIDY

120 — *En croisière.*

Deux jeunes femmes, l'une assise, l'autre debout, dans un bateau. Au fond, un paysage méditerranéen.
Signé à droite, en bas : *Simonidy.*

Panneau. Haut., 80 cent.; larg., 65 cent.

TASSAERT (Octave)
1807-1874.

121 — *La Liseuse distraite.*

Signé à droite, en bas : *Tassaërt.*

Toile. Haut., 32 cent.; larg.; 24 cent.

TATTEGRAIN (Francis)

122 — *Le Vieux Mathurin.*

Signé à gauche, en bas : *F. Tattegrain.*

Panneau. Haut., 24 cent.; larg., 19 cent.

TATTEGRAIN (Francis)

123 — *Vieille Mathurine.*

Signé à gauche, en bas : *F. Tattegrain.*

Panneau. Haut., 16 cent.; larg., 12 cent.

THAULOW (Frits)
1847-1906.

124 — *Les Bords de l'Arques ; environs de Dieppe.*

Au milieu, la rivière aux eaux rapides glisse ses reflets diaprés sous l'arche basse d'un petit pont de briques. A droite, un pré, dominé au fond par des collines. A gauche, au milieu de la verdure, et à l'ombre de grands arbres aux feuillages mordorés, une chaumière se dresse, murs caressés par le soleil et toiture de tuiles rouges au ton vif.

Signé à droite, en bas : *Frits Thaulow.*

Toile. Haut., 65 cent.; larg., 81 cent.

THAULOW (Frits)

125 — *Vieux Pont à Amiens ; effet de neige.*

Au-dessus du vieux pont de pierre et de briques, les petites maisons se haussent ; elles sont peintes en rouge, en rose et en jaune ; leurs toitures sont ouatées de neige.

A droite, le quai qui domine la rivière s'élève en pente douce jusqu'à l'entrée du pont où une femme en noir est arrêtée ; ce quai est également blanc de neige.

En contre-bas, à gauche, coule une eau quelque peu tumultueuse avec de beaux reflets transparents.

Signé à droite, en bas : *Frits Thaulow.*

Panneau. Haut., 26 cent.; larg., 34 cent.

THAULOW (Frits)

126 — *La Place de Quimperlé.*

C'est le soir : les maisons s'éclairent des reflets pâles de la nuit, les étoiles s'allument au ciel clair. A droite, les feuillages des arbres paraissent plus sombres sur l'écran des murs plus blancs. Au fond de la place, une ligne dessine un tournant bordé de maisons basses.

Signé à droite, en bas : *Frits Thaulow*.

Toile. Haut., 38 cent.; larg., 46 cent.

THIRION (Eugène)
1839-1910.

127 — *Diogène.*

Signé à gauche, en bas : *Eug. Thirion, 1871*.

Toile. Haut., 81 cent.; larg., 65 cent.

TOURNIER (J.-U.)

128 — *Bouquet de fleurs dans un vase.*

Signé à droite, en bas : *J.-U. Tournier, 1824*.

Toile. Haut., 32 cent.; larg., 24 cent.

TROUILLEBERT (Paul-Désiré)

129 — *Sur les bords de la Loire.*

A gauche, à travers les arbres qui garnissent la rive, on aperçoit des constructions couvertes d'ardoises. Un homme est occupé à amarrer une barque.

Au-devant du ciel, courent des nuages lumineux qui se réfléchissent dans l'eau légèrement agitée [du fleuve.

Signé à gauche, en bas : *Trouillebert*.

Toile. Haut., 55 cent.; larg., 46 cent.

TROUILLEBERT (Paul-Désiré)

130 — *Femme s'habillant.*

    Signé à gauche, en bas : *Trouillebert.*

                        Toile. Haut., 1 m. 30; larg., 81 cent.

ULMANN (R.-A.)

131 — *Moulins au bord d'une rivière.*

    Une eau bleue et courante, des prés marqués de quelques massifs d'arbres ; à droite, plusieurs moulins qui se silhouettent sur un fond de ciel lumineux. Au bord de l'eau, du même côté, un pêcheur dans une barque. A gauche, des roseaux émergeant de l'eau.

    Signé à droite, en bas : *R.-A. Ulmann, 1913.*

                        Toile. Haut., 50 cent.; larg., 65 cent.

VAYSON (F.)

132 — *Bergère faisant paître son troupeau parmi les bruyères.*

    Signé à gauche, en bas : *F. Vayson.*

                        Toile. Haut., 38 cent.; larg.; **56 cent.**

VIGNON (Victor)

133 — *La Meule en avant du village.*

    Signé à droite, en bas : *V^r Vignon.*

                        Toile. Haut., 32 cent. ; larg., 40 cent.

VIGNON (Victor)

134 — *Le Château de Croissy.*

Des hauteurs de Bougival, le château apparaît dans la vallée, tout près de l'eau, au milieu de la campagne. L'horizon est borné par une ligne de coteaux. Au premier plan, une femme s'avance et va passer entre une palissade et un tas de pierres.

Signé à droite, en bas : *V^r Vignon.*

Toile. Haut., 17 cent. 1/2; larg., 25 cent.

Collection Lacroix.
Collection Baron Blanquet de Fulde.

VIGNON (Victor)

135 — *Entrée de la forêt; effet de neige.*

Signé à gauche, en bas : *V^{or} Vignon.*

Toile. Haut., 33 cent.; larg., 41 cent.

VOLLON (Antoine)
1833-1900.

136 — *Vieille Maison de pêcheur, au bord de la mer.*

A droite, la vieille maisons aux murs lézardés, et à la toiture de tuiles brunes. A gauche, la mer avec des chalands amarrés.

Signé à gauche, en bas : *A. Vollon.*

Toile. Haut., 72 cent.; larg., 60 cent.

VOLLON (Antoine)

137 — *Branches de prunes noires.*

Signé à droite, en bas : *A. Vollon.*

Toile. Haut., 55 cent.; larg., 46 cent. 1/2.

VOLLON (Antoine)

138 — *Des Pêches et des prunes.*

Signé à droite, en bas : *Vollon.*

Panneau. Haut., 24 cent.; larg., 30 cent.

VOLLON (Antoine)

139 — *Vieux Matelot du Pollet, près Dieppe.*

Signé à droite, en bas : *Vollon.*

Toile. Haut., 61 cent. ; larg., 50 cent.

Ancienne collection Alex. Dumas fils.

VOLLON (Antoine)

140 — *La Bassine de cuivre et le pot de grès rouge.*

Signé à droite, en bas : *A. Vollon.*

Toile. Haut., 50 cent.; larg., 60 cent.

VUILLEFROY

141 — *Deux Bœufs au pâturage.*

Signé à gauche, en bas : *Vuillefroy.*

Toile. Haut., 81 cent.; larg., 1 m. 16.

VUILLEFROY

142 — *La Traite des vaches.*

Signé à gauche, en bas : *Vuillefroy.*

Toile. Haut., 1 m. 20 ; larg., 1 m. 63.

ZIEM (Félix)
1822-1911.

143 — *La Frégate.*

Au milieu du canal, la frégate aux voiles gonflées est à l'ancre, et une embarcation vient y accoster; à gauche, le long du quai, qui mène par un coude au Jardin Français, des personnages sont au repos sous les dais de velours dont s'ornent leurs gondoles. Sur le quai, des marchandes d'oranges ont déposé leurs corbeilles. Plus loin que les gondoles, il y a des bragosi amarrés. A droite, on aperçoit le massif de constructions où se trouve la Dogana et l'église Santa Maria della Salute.

L'eau est très bleue, le ciel est tout d'azur, et l'atmosphère s'emplit de radieuses clartés.

Signé à gauche, en bas : *Ziem, 1883*.

Panneau. Haut., 69 cent.; larg., 1 m. 08.

ZIEM (Félix)

144 — *La Ville au pied de la montagne.*

Au fond, la ligne des montagnes nimbées de l'atmosphère transparente, tombe du ciel bleu. Au pied de la montagne, alignées en avant d'une pente boisée, les maisons d'une ville; puis, en avant, un pré et de l'eau pleine de reflets d'azur. A droite, des massifs d'arbustes.

Signé à droite, en bas : *Ziem*.

Carton. Haut., 51 cent. 1/2; larg., 85 cent.

ZIEM (Félix)

145 — *Le Vieux Saule dans la vallée.*

Signé à gauche, en bas : *Ziem*.

Toile. Haut., 22 cent.; larg., 29 cent.

ZIEM (Félix)

146 — *Une Plage sur la Côte d'azur.*

Dans une anse, des personnages sont au bord de l'eau. Le sol dessine, au milieu de l'eau pleine de reflets du ciel, un promontoire à la pointe duquel une construction s'élève. Au fond, on entrevoit les côtes dominées par le mouvement d'un sol boisé.

Tout le paysage s'enveloppe d'une ambiance dorée.
Signé à gauche, en bas : *Ziem.*

Panneau. Haut., 26 cent.; larg., 38 cent.

ZIEM (Félix)

147 — *Bateaux à l'ancre dans le port de Venise.*

Signé à gauche, en bas : *10 juin 45, Ziem.*

Carton. Haut., 24 cent. 1/2 ; larg., 33 cent.

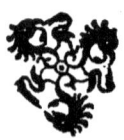

Aquarelles, Pastels, Dessins

ARMAND-DUMARESQ (Édouard)
1826-1895.

148 — *Interrogatoire d'un suspect.*

 Aquarelle.
 Signée à droite, en bas : *Armand Dumaresq.*

Haut., 21 cent.; larg., 33 cent.

BONINGTON (Richard-Parkes)
1801-1828.

149 — *Une Rue à Londres.*

 Une rue tout illuminée de lumière et occupée par de nombreux personnages.
 Aquarelle.
 Signée à gauche, en bas : *R.-P. Bonington.*

Haut., 21 cent. 1/2 ; larg., 15 cent.

BOULARD (A.)

150 — *Les Femmes pendant la tempête.*

 Aquarelle et gouache.
 Signée à gauche, en bas : *A. B.*

Haut., 22 cent.; larg., 15 cent.

BOULARD (A.)

151 — *L'Idylle à la ferme.*

> Aquarelle.
> Signée à gauche, en bas : *A. B.*
>
> Haut., 20 cent. 1/2 ; larg., 14 cent.

BOURDELLE (Émile)

152 — *Étude de femme rousse.*

> Pastel.
> A gauche, en bas, on lit : *Ma dernière étude de pastel, E.-Ant. Bourdelle, 1917.*
>
> Haut., 55 cent.; larg., 38 cent.

BRISGAND (Gustave)

153 — *La Femme à l'écharpe verte.*

> Pastel de forme ronde.
> Signé à gauche, en bas : *Gustave Brisgand.*
>
> Diamètre : 50 cent.

CALS (Adolphe-Félix)

154 — *Le Vieux Chemineau au cabaret.*

> Dessin au crayon, rehaussé de blanc.
> Signé à gauche, en bas : *Cals.*
>
> Haut., 48 cent. ; larg., 37 cent.

CARAN D'ACHE (Emmanuel POIRÉ, dit)
1858-1909.

155 — *Le Trompette à cheval.*

    Aquarelle.
    Signée à droite, en bas : *Caran d'Ache.*

                      Haut., 31 cent.; larg., 12 cent. 1/2.

CARAN D'ACHE (Emmanuel POIRÉ, dit)

156 — *Le Glorieux Hussard.*

    Dessin à la plume.
    Signé à droite, vers le bas : *Caran d'Ache.*

                      Haut., 25 cent. 1/2; larg., **19 cent.**

CHÉRET (Jules)

157 — *Pierrette assise sur le sol.*

    Dessin au bistre, rehaussé de blanc et de sanguine.
    Signé à droite, en bas : *J. Chéret.*

                      Haut., 22 cent.; larg., **36 cent.**

DELACROIX (Auguste)
1809-1868.

158 — *Intérieur d'une habitation au Maroc.*

    Aquarelle.
    Signée à droite, en bas : *A. Delacroix, 1855.*

                      Haut., 44 cent.; larg., 61 cent.

DETAILLE (Édouard)
1848-1912.

159 — *Sous un même verre, dix croquis à la mine de plomb et à la plume.*

DETAILLE (Édouard)

160 — *Sous un même verre, onze croquis à la mine de plomb.*

DETAILLE (Édouard)

161 — *Sous un même verre, six croquis à la mine de plomb.*

DUPORTAL (M.)

162 — *Bords d'un lac dans le Dauphiné.*

Aquarelle.
Signée à gauche, en bas : *M. Duportal.*

Haut., 35 cent.; larg., 53 cent.

DUPORTAL (M.)

163 — *Coucher de soleil sur la plaine.*

Aquarelle.
Signée à droite, en bas : *M. Duportal.*

Haut., 36 cent.; larg., 53 cent.

FLANDRIN (Paul-Jean)
1811-1902.

164 — *Démocrite et les Abdéritains (d'après la fable de La Fontaine).*

Dessin au crayon, avec reprises de blanc.
Signé et daté à gauche, en bas : *Paul Flandrin, 1867.*

Haut., 27 cent.; larg., 21 cent.

FLERS (Camille)
1802-1868.

165 — *Fardier sur la route dans la campagne; effet de soleil levant.*

>Pastel.
>Signé à gauche, en bas : *Flers.*
>Daté à droite, en bas : *1846.*
>
>Haut., 19 cent.; larg., 28 cent. 1/2.

FLERS (Camille)

166 — *Barque et chaland sur une rivière.*

>Aquarelle.
>Signée à gauche, en bas : *Flers.*
>Datée à droite, en bas : *1846.*
>
>Haut., 15 cent.; larg., 22 cent. 1/2.

FLERS (Camille)

167 — *Pêcheur amarrant sa barque auprès d'une roche.*

>Aquarelle.
>Signée à gauche, en bas : *Flers.*
>Datée à droite, en bas : *1846.*
>
>Haut., 16 cent. 1/2; larg., 23 cent.

FORAIN (Jean-Louis)

168 — *Dans la nuit brune.*

>Éventail.
>Aquarelle.
>Signée à gauche : *Jean-Louis Forain.*
>
>Haut., 24 cent.; larg., 53 cent.

FORTUNY (Mariano)

169 — *Bataille du Tituans au Maroc.*

Dessin d'une des figures du tableau qui appartient au musée de Barcelone.
Dessin au crayon, rehaussé de blanc, sur papier brun.
Derrière on lit : *Extrait du n° 189 du catalogue de la vente de Fortuny*, et une signature.

Haut., 15 cent. 1/2; larg., 10 cent. 1/2.

FOURIÉ (Albert)

170 — *Léda et le cygne.*

Dessin au crayon et à la sanguine, rehaussé de blanc.
Signé à droite, en bas : *Albert Fourié.*

Haut., 49 cent.; larg., 65 cent.

GIACOMELLI (Hector)
1822-1904.

171 — *Petits Chardonnerets morts.*

Aquarelle.
Signée à droite, en bas, du monogramme de la vente.

Haut., 21 cent.; larg., 30 cent.

HARPIGNIES (Henri)

172 — *Aquarelles et lavis d'encre de Chine.*

Dans un même cadre.
Signés à gauche, en bas.
L'aquarelle de droite est datée : *89.*
Au dos, se trouvent deux autographes du maître datés du 1ᵉʳ janvier 1889 et 1897.

Aquarelles. Haut., 8 cent. 1/2; larg., 11 cent. 1/2.
Lavis. Haut., 10 cent. 1/2; larg. 6 cent. 1/2.

HARPIGNIES (Henri)

173 — *Vue de la vallée à travers les branches.*

Aquarelle.
Signée à droite, en bas : *H. Harpignies.*

Haut., 24 cent. 1/2 ; larg., 16 cent. 1/2.

HARPIGNIES (Henri)

174 — *L'Hiver dans la forêt.*

Lavis d'encre de Chine et de sépia.
Signée à gauche, en bas : *H. Harpignies.*

Haut., 30 cent. ; larg., 22 cent.

HARPIGNIES (Henri)

175 — *Les Chasseurs en battue.*

Dessin au crayon.
Signé à gauche, en bas : *H. Harpignies, 1912.*

Haut., 29 cent. ; larg., 22 cent.

HEILBUTH (Ferdinand)
1826-1889.

176 — *Le Printemps dans les fourrés.*

Aquarelle.
Signée à gauche, en bas : *F. Heilbuth.*

Haut., 42 cent. 1/2 ; larg., 29 cent.

HELLEU

177 — *La Femme à l'éventail.*

    Elle est assise, de profil effacé à gauche, sur une chaise ; elle tient un éventail ouvert. Elle a les épaules découvertes.
    Pastel.
    Signé à droite, vers le bas : *Helleu.*

Haut., 52 cent.; larg., 41 cent.

HELLEU

178 — *Têtes de parisiennes en chapeaux ornés de ruban tango.*

    Trois études de profils et de trois-quarts.
    Dessin au crayon rehaussé de blanc et de rouge.
    Signé vers la droite, en bas : *Helleu.*

Haut., 61 cent.; larg., 41 cent.

HOUBRON (Frédéric-Anatole)

179 — *Le Petit Bras de la Seine entre la Monnaie et le Vert-galant.*

    (La vue est prise du pont des Arts.)
    Aquarelle et gouache.
    Signée à gauche, en bas : *Paris, Houbron, 1902.*

Haut., 33 cent.; larg., 46 cent.

JACQUEMART (Jules-Ferdinand)
1837-1880.

180 — *Paysanne de Menton à la fontaine.*

    Aquarelle.
    Signée à droite, en bas : *Jacquemart, Menton, 77.*

Haut., 34 cent. 1/2; larg., 25 cent.

JAPY (Louis-Aimé)
1850-

181 — *Berger et ses moutons.*

Pastel.
Signé à droite, en bas : *Japy, 85.*

Haut., 65 cent.; larg., 54 cent.

JOB (J. ONFRAY DE BRÉVILLE, dit)

182 — *Napoléon Ier à cheval.*

Dessin à la plume, rehaussé de lavis.
Signé à gauche, en bas : *Job.*

Haut., 38 cent.; larg., 33 cent.

LAMI (Eugène)
1800-1890.

183 — *Officier de hussard à cheval.*

Il est en selle sur un cheval bai-cerise, de trois-quarts à gauche; il a la main gauche sur la cuisse, et tourne la tête de face.
Aquarelle.
Signée à gauche, en bas : *E. L., 1885.*

Haut., 17 cent. 1/2; larg., 14 cent.

L'Œuvre d'Eugène Lami, par Paul-André Lemoisne, n° 395.

LAMI (Eugène)

184 — *Cuirassier en selle.*

Aquarelle.
Signée à droite, en bas: *Eug. Lami.*

Haut., 14 cent. 1/2; larg., 13 cent.

LECOMTE (Paul)

185 — *Les Vieux Remparts d'Antibes.*

    Aquarelle.
    Signée à gauche, en bas : *Paul Lecomte.*

                              Haut., 33 cent. ; larg., 50 cent.

LECOMTE (Paul)

186 — *Le Remorqueur en Seine.*

    Aquarelle.
    Signée à gauche, en bas : *Paul Lecomte.*

                              Haut., 27 cent. ; larg., 38 cent.

LELOIR (Maurice)

187 — *La Chaise de Manon.*

    Aquarelle.
    Signée à gauche, en bas : *Maurice Leloir.*

                              Haut., 52 cent. ; larg., 68 cent. 1/2.

LEMAIRE (Madeleine)

188 — *Coquelicots dans un vase et épis de blé.*

    Aquarelle.
    Signée à gauche, en bas : *Madeleine Lemaire.*

                              Haut., 41 cent. ; larg., 28 cent.

LHERMITTE (Léon)

189 — *La Grand'Route dans la traversée d'un village.*

    Pastel.
    Signé à gauche, en bas : *L. Lhermitte.*

                          Haut., 24 cent. ; larg., 31 cent.

LUIGINI

190 — *Canal.*

    Aquarelle.
    Signée à gauche, en bas : *Luigini.*

                          Haut., 52 cent. ; larg., 65 cent.

MICHEL (Georges)

191 — *Les Ilots sur la Seine, aux environs de Nogent.*

    Dessin au crayon, avec reprises d'aquarelle.

                          Haut., 17 cent.; larg., 25 cent. 1/2.

MONNIER (Henry-Bonaventure)
1805-

192 — *Madame Desjardins.*

    Dessin au crayon lithographique.
    Signé à gauche, en bas : *Henry Monnier, 1859.*

                          Haut., 27 cent. 1/2 ; larg., 19 cent.

NAVELET (J.)

193 — *Le Roi visitant un des Salons du Louvre.*

    Aquarelle.
    Signée à droite, en bas : *J. Navelet.*

                          Haut., 48 cent. ; larg., 31 cent. 1/2.

OLIVE (Jean-Baptiste)

194 — *Entrée du port de Marseille.*

    Dessin à la plume.
    Signé à droite, en bas : *B. Olive.*

                          Haut., 19 cent.; larg., 27 cent. 1/2.

OLIVE (Jean-Baptiste)

195 — *Canale Grande; Venise.*

    Dessin à la plume.
    Signée à gauche, en bas : *B. Olive.*

                          Haut., 21 cent.; larg., 26 cent.

PENNE (Ol. de)

196 — *Chiens de chasse levant un gibier.*

    Aquarelle.
    Signée à droite, en bas : *Ol. de Penne.*

                          Haut., 47 cent.; larg., 34 cent.

ROCHEGROSSE (G.)

197 — *Souris attaquant un violon et un vieux chapeau.*

    Dessin à la plume.
    A droite, en bas, le monogramme de la vente Giacomelli.
    Signé à droite, en bas : *G. Rochegrosse*, avec cette dédicace : *A H. Giacomelli, l'inventeur des oiseaux.*

                          Haut., 18 cent. 1/2; larg., 30 cent. 1/2.

ROLL

198 — *Rupture*.

Un torse de femme nue : une jeunesse épanouie. Son visage, en partie caché par le mouvement du bras gauche, est grave; et les cheveux roux s'envolent comme des flammes sur un fond soufré. Sa main s'agrippe à l'épaule d'un homme, vu de dos, dont le geste semble indiquer une décision violente.

Pastel.
Signé à gauche, en bas : *Roll*.

Haut., 49 cent. 1/2; larg., 82 cent.

VELY (J.)

199 — *La Lecture de la lettre*.

Aquarelle.
Signée à gauche, en bas : *J. Vely, 07*.

Haut., 53 cent.; larg., 39 cent.

VEYRASSAT (Jules-Jacques)
1828-1893.

200 — *Dans un même cadre, deux croquis*.

Un bateau-lavoir et un peintre dans la campagne.
Dessins à la mine de plomb.
Signés tous deux à droite, en bas : *J. V.*

VEYRASSAT (Jules-Jacques)

201 — *Dans un même cadre, deux feuillets d'album*.

Une entrée de ferme, des chevaux, des chasseurs, un arbre.
Dessins à la mine de plomb.
Signés à gauche, en bas, du monogramme de la vente de l'atelier : *J. V.*

VEYRASSAT (Jules-Jacques)

202 — *Deux croquis de chevaux, dans un même cadre.*

> Dessins à la plume, avec quelques reprises de lavis.
> Signés en bas, l'un à gauche, l'autre à droite : *J. V.*

VEYRASSAT (Jules-Jacques)

203 — *Deux croquis de chevaux, dans un même cadre.*

> Dessins à la mine de plomb.
> Signés en bas, l'un à gauche, l'autre à droite : *J. V.*

VOLLON (Antoine)

204 — *Une Rue; effet du soir.*

> Dessin au fusain.
> Signé à droite, en bas : *A. Vollon.*
>
> Haut., 16 cent.; larg., 20 cent. 1/2.

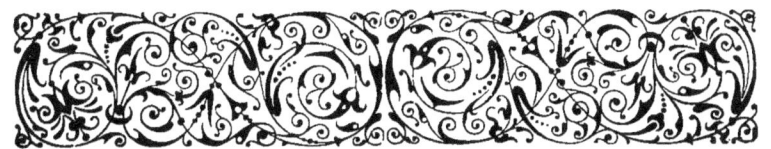

Gravures

BOULARD fils

205 — *Dragon.*

D'après Meissonier.
Eau-forte, épreuve sur parchemin, avec une remarque d'après Detaille.

LE COUTEUX (Lionel)

206 — *Le Départ pour la fantasia.*

D'après Henri Regnault.
Eau-forte, épreuve sur parchemin, avant toute lettre.

MATHEY (Armand)

207 — *Chien de chasse attrapant un canard.*

Eau-forte d'après le tableau de Troyon.
Épreuve sur parchemin, avec remarque.

SIMON (T.-François)

208 — *Le Marchand d'oiseaux.*

Eau-forte en couleurs; épreuve avant toute lettre, sur parchemin.
Signée à droite, en bas : *T.-F. Simon.*
Marquée à gauche : *5o.*

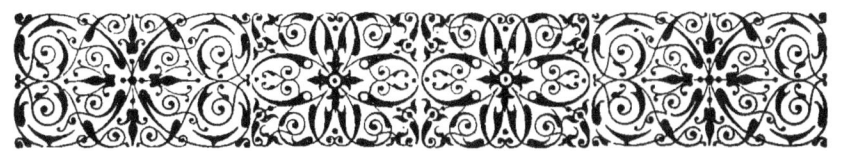

Sculptures

BARYE (Antoine-Louis)
209 — *Cerf, la jambe levée.*
  Épreuve patine brune.
  Signée à droite, au milieu, sur la terrasse.
        Haut., 20 cent.; long., 16 cent.

BARYE (Antoine-Louis)
210 — *Faon couché.*
  Épreuve patine médaille.
  Signée en avant, à droite, sur la terrasse.
        Haut., 5 cent.; long., 15 cent.

BARYE (Antoine-Louis)
211 — *Braque en arrêt.*
  Epreuve patine médaille.
  Signée en arrière, à gauche, sur la terrasse.
        Haut., 9 cent.; long., 16 cent. 1/2.

BARYE (Antoine-Louis)
212 — *Tigre dévorant un gavial.*
  Réduction n° 2.
  Epreuve patine brune.
  Signée à droite, sur la terrasse, et datée : *1836*.
        Haut., 11 cent.; long., 27 cent.

BARYE (Antoine-Louis)

213 — *Épagneul en arrêt.*

    Epreuve patine médaille.
    Signée à droite, sur la terrasse.

                            Haut., 9 cent.; long., 17 cent. 1/2.

BARYE (Antoine-Louis)

214 — *Tortue.*

    Épreuve patine brune; sur socle en albâtre.

                            Haut., 3 cent.; long., 10 cent.

BARYE (Antoine-Louis)

215 — *Épagneul tenant un canard.*

    Epreuve patine médaille; montée sur un socle en marbre rouge.
    Signée à l'arrière, sur la terrasse.

                            Haut., 14 cent; long., 21 cent.

BARYE (Antoine-Louis)

216 — *Panthère de Tunis.*

    Épreuve patine médaille; montée sur socle en marbre vert.

                            Haut., 9 cent.; long., 20 cent.

BARYE (Antoine-Louis)

217 — *Lion de la Colonne de Juillet.*

    Epreuve patine médaille.
    Signée à droite.

                            Haut., 20 cent.; larg., 41 cent.

BARYE (Antoine-Louis)

218 — *Lion terrassant un guib.*

    Epreuve patine médaille.
    Signée à droite, vers le milieu.

                            Haut., 12 cent.; long., 27 cent.

BARYE (Antoine-Louis)

219 — *Braque en arrêt.*

Epreuve patine médaille ; montée sur socle en marbre rouge.
Signée en arrière, à gauche.

Haut., 9 cent.; long., 18 cent.

BARYE (Antoine-Louis)

220 — *Lion assis.*

Epreuve patine médaille.
Signée en arrière, à droite.

Haut., 19 cent.; long., 14 cent.

BARYE (Antoine-Louis)

221 — *Cheval demi-sang, tête baissée.*

Epreuve patine verte ; sur socle rectangulaire en marbre noir.

Haut., 11 cent.; long., 17 cent. 1/2.

BARYE (Antoine-Louis)

222 — *Petit Braque en arrêt sur un faisan.*

Épreuve patine médaille ; montée sur socle en marbre rouge.
Signée à gauche, en avant.

Haut., 7 cent. ; long., 10 cent. 1/2.

BARYE (Antoine-Louis)

223 — *Tête d'ours.*

Épreuve patine médaille ; montée sur un socle carré en marbre noir.
Signée en arrière.

Haut., 8 cent.; long., 6 cent.

BARYE (Antoine-Louis)

224 — *Faisan.*

Épreuve patine noire.
Signée en avant, à gauche, sur la terrasse.

Haut., 11 cent. 1/2; long., 13 cent. 1/2.

BARYE (Antoine-Louis)

225 — *Deux Chiens en arrêt sur des faisans.*

    Epreuve patine médaille ; montée sur un socle en marbre rouge.

    Signée à droite, en avant.

                            Haut., 11 cent.; long., 25 cent.

BARYE (Antoine-Louis)

226 — *Boucquetin, tête baissée.*

    Epreuve patine médaille.

    Signée sur la terrasse, à droite, au milieu.

    A gauche, de côté, la signature du fondeur : *De Bralix.*

                          Haut., 6 cent. 1/2 ; long., 9 cent. 1/2.

CARRIÈS

227 — *Loyse Labbé.*

    Plâtre patiné.

                                      Haut., 70 cent.

    Vente Arsène Alexandre, 1903, n° 168.

PETER (Victor)

228 — *Rêverie.*

    Figure de femme drapée à l'antique, assise sur un rocher et appuyée sur une lyre.

    Marbre.

    Signé à l'arrière : *V. Peter.*

                                      Haut., 61 cent.

RODIN (A.)

229 — *Sommeil.*

    C'est une jeune femme endormie, la joue gauche appuyée sur la main ; sa tête est indiquée comme une caresse de lumière dans le bloc de marbre.

    Œuvre des plus remarquables du maître et dont c'est ici la seule exécution en marbre.

    Signé derrière : *A ma muse. A. Rodin.*

                 Haut., 47 cent.; larg., 60 cent.; prof., 58 cent.

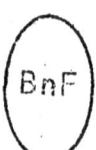

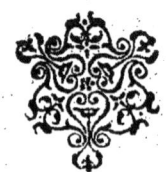

www.ingramcontent.com/pod-product-compliance
Lightning Source LLC
Chambersburg PA
CBHW050018230526
45470CB00003B/1016